NOTICE

SUR

JEANNE D'ARC

CANTATE POPULAIRE

> La France n'a pas de plus beau
> poème national que l'histoire même
> de Jeanne d'Arc.
>
> Mgr Thomas, *arch. de Rouen.*

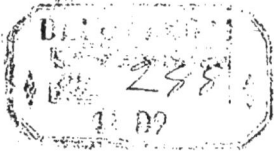

ROUEN

DE L'IMPRIMERIE CAGNIARD

—

1892

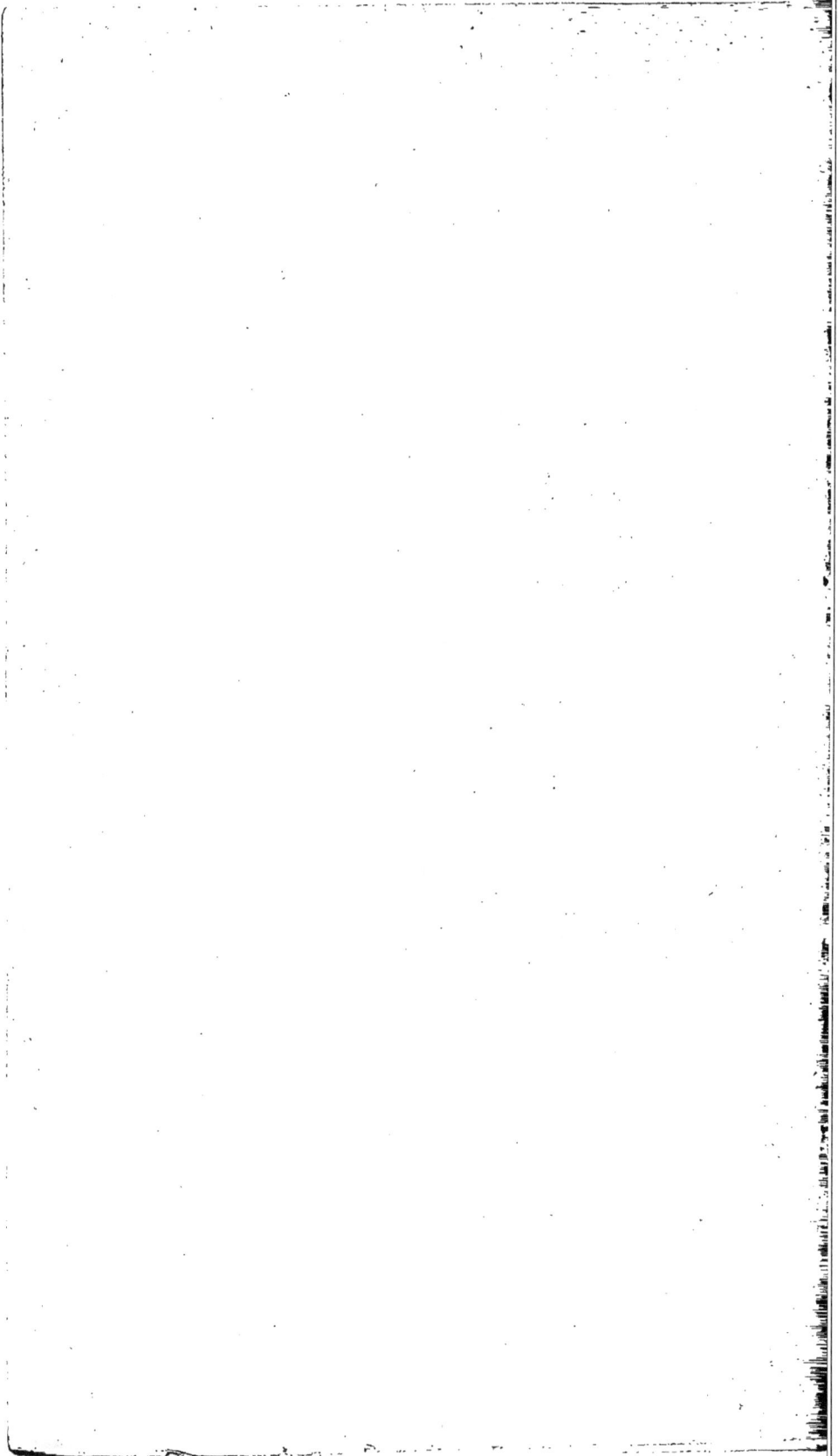

NOTICE

SUR

JEANNE D'ARC

CANTATE POPULAIRE

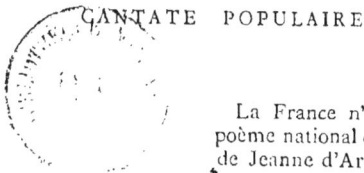

> La France n'a pas de plus beau
> poème national que l'histoire même
> de Jeanne d'Arc.
>
> Mgr Thomas, *arch. de Rouen.*

ROUEN

DE L'IMPRIMERIE CAGNIARD

—

1892

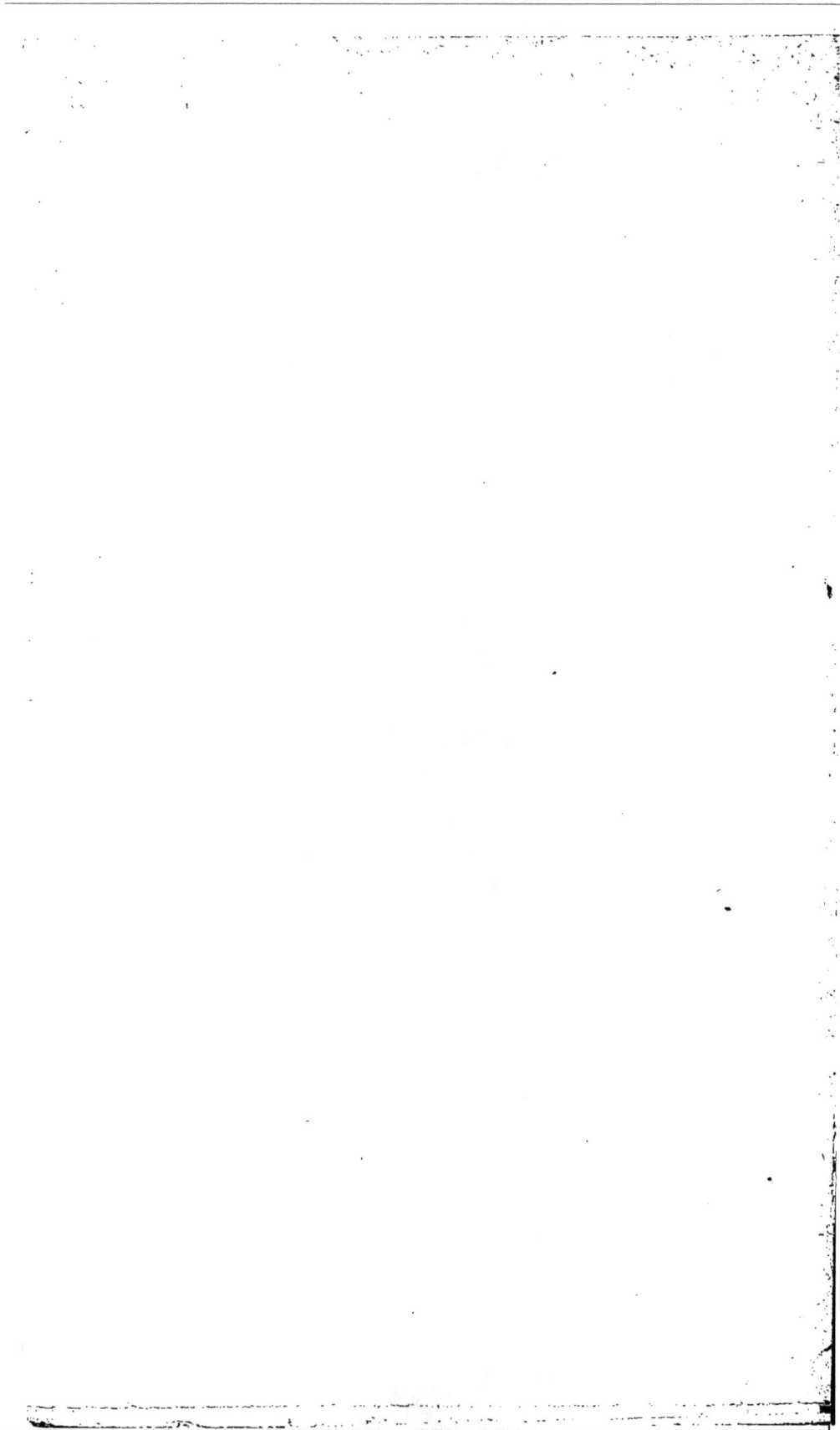

Lors de notre dernier séjour dans les Vosges, on nous a demandé de composer une notice sur Jeanne d'Arc, assez détaillée pour faire connaître, admirer et aimer en elle la pieuse enfant de Domrémy, la guerrière inspirée, l'héroïque victime, et en même temps assez courte pour ne point effrayer le lecteur.

D'autre part, M. le Vicaire général Milliard, curé de Notre-Dame de Bonsecours, près Rouen, sur la paroisse duquel notre vénéré archevêque, Sa Grandeur Mgr Thomas, fait élever un monument en l'honneur de l'illustre libératrice de la France, nous a prié de lui fournir quelques strophes en forme de cantate, à la gloire de notre héroïne.

Nous livrons ici ces deux faibles essais, laissant à des amitiés honorables, trop confiantes peut-être, la responsabilité du choix de l'auteur.

Notice sur Jeanne d'Arc.

I

Jeanne d'Arc, appelée ordinairement « la pucelle d'Orléans » naquit en 1412, à Domrémy, terre française,
village situé sur les bords riants de la Meuse, dans un
repli des premières collines des Vosges.

L'auteur de ces lignes visitait naguère la maison natale
de Jeanne, humble chaumière, voisine de l'église, dont
la vue remplit de glorieuses larmes les yeux français. Une
statue est placée au-dessus de la porte. Elle représente une
femme armée, à genoux, les cheveux flottants sur les
épaules; c'est Jeanne d'Arc.

D'heureuses dispositions brillèrent en elle dès sa plus
tendre enfance et se développèrent sous l'influence d'une
vie simple, laborieuse, éclairée par les lumières de la foi,
soutenue et consolée par la voix de la religion, héritage
que son père et sa mère Jacques d'Arc et Isabelle Romée,
avaient reçu de leurs ancêtres et désiraient léguer
avant tout à leurs enfants. Les journées de Jeanne se

passaient tantôt à filer près de sa mère ou à l'aider dans les soins du ménage, tantôt aux champs à garder les troupeaux.

Douce aux pauvres, compatissante devant toutes les misères, d'une candeur et d'une bonté d'âme qui la faisaient aimer de tous elle méritait ce témoignage que lui rendit le curé de Domrémy lorsque, déposant dans l'enquête, il racontait « qu'elle n'avait pas sa pareille au village. »

Sa piété lui faisait verser des larmes au moment du saint sacrifice de la messe. Son page, Louis de Contes, a déposé ceci : « J'ai vu Jeanne à la messe et, à l'élévation du corps du Sauveur, elle répandait des larmes abondantes. » Son bonheur était de consacrer à la fréquentation de sa chère église les instants dont elle pouvait disposer après le travail. La dévotion à la sainte Vierge faisait surtout ses délices. Chaque samedi, elle se rendait à Notre-Dame de Bermont pour y vénérer une image de la Vierge-Mère. Les autres jours elle allait se prosterner devant Notre-Dame de Domrémy. Aux pieds de la Reine des Martyrs, Jeanne formait son âme aux viriles douleurs que l'avenir lui tenait en réserve et que, déjà, le présent ne lui épargnait pas, car les premières années de sa vie furent traversées par de dures épreuves.

A cette époque, en effet, les excursions armées des Anglais et des Bourguignons ligués contre le roi de France obligeaient les habitants de ces contrées à de fréquents exils. On n'entendait parler que de villes perdues, de défaites, de pillages, d'effusion de sang et de larmes. Le nord de la France, Rouen, Paris même, était devenu la conquête du roi d'Angleterre. Les troupes victorieuses de Henri VI assiégeaient Orléans et étaient sur le point de s'en emparer. Avec cette ville, le roi de

France, Charles VII, perdait son dernier boulevard. Sa faiblesse le faisait appeler par dérision « le roi de Bourges. » Caractère indolent, enclin aux plaisirs, aimant les fêtes jusque dans le sein de ses malheurs, il n'était point capable de suppléer aux forces qui lui manquaient.

Cependant, Dieu voulait sauver la France et c'est Jeanne qu'il destinait à lui servir d'instrument dans l'œuvre de notre délivrance et de notre salut. Il envoyait vers elle saint Michel, sainte Catherine et sainte Marguerite pour lui révéler sa mission.

Voici comment elle s'en exprimera plus tard devant ses juges : « *J'entendis une voix du côté de l'église, je vis en même temps une apparition entourée d'une grande clarté. D'abord j'eus peur et tombant à genoux, je vouai ma virginité tant qu'il plairait à Dieu.* » L'ange lui recommandait d'aller souvent à l'église, de se bien conduire, lui disant que Dieu l'aiderait à délivrer la France de ses ennemis et à faire sacrer le roi à Reims. Il annonçait en même temps la visite de sainte Catherine et de sainte Marguerite. Elles vinrent, en effet, lui raconter « *la grande pitié du royaume de France,* » lui disant d'aller trouver, à Vaucouleurs, le sire de Baudricourt, capitaine du roi, pour qu'il la fît conduire auprès de Charles VII.

Jeanne hésita d'abord à quitter le toit paternel, mais après quatre ans écoulés, l'appel de Dieu devenant chaque jour plus pressant, elle alla au devoir sans fléchir.

Elle se rend donc, âgée de dix-sept ans, accompagnée d'un oncle qu'elle a initié aux desseins du Ciel, à Vaucouleurs, raconte au sire de Baudricourt ses apparitions et lui demande de la faire conduire auprès du roi pour marcher à la délivrance d'Orléans. Baudricourt se moque d'elle et la renvoie comme folle.

La rumeur se répand bientôt qu'Orléans va succomber. Jeanne n'y tient plus ; le temps presse, elle retourne à Vaucouleurs : « *Je suis venue ici, dit-elle, pour qu'on me fasse conduire vers le roi, je sais bien que batailler n'est pas mon affaire, j'aimerais cent fois mieux filer auprès de ma pauvre mère, mais mon Seigneur le veut ainsi..... quand j'aurais cent pères et cent mères, je partirais..... j'irai, dussé-je user mes jambes jusqu'aux genoux... Plutôt aujourd'hui que demain, plutôt demain qu'après...* »

Soit que Baudricourt eut enfin remarqué quelque chose d'extraordinaire en elle, soit qu'il cédât à l'opinion publique, il donna à la jeune fille des armes et une escorte pour la mener à Chinon où résidait le roi.

II

Le 13 février 1429, Jeanne quittait Vaucouleurs pour un voyage de cent cinquante lieues, à travers des provinces inconnues, par des routes infestées de cruels ennemis. Chemin faisant, elle ne cessait de raffermir le courage de ses gens : « *Ne craignez rien,* » disait-elle, « *ce que je fais j'ai ordre de le faire, il faut que j'aille en guerre pour recouvrer le royaume de France.* »

Elle arrive à Chinon où était le roi. Celui-ci, dominé par son entourage, refuse d'abord de la recevoir. Ce n'est qu'après de longs interrogatoires qu'elle obtient d'être introduite en sa présence, et encore elle n'est admise que comme un objet de curiosité.

Le roi, à dessein, s'est habillé simplement et se présente entouré de nombreux seigneurs et de chevaliers richement vêtus. On est convaincu que la voyante va se méprendre et que, dès la première épreuve, sa prétendue inspiration céleste va être déjouée.

Sans la moindre hésitation, Jeanne va droit au roi et lui dit : « *Dieu vous prête vie, gentil sire.* »

« Je ne suis point le roi », répond Charles VII ; « le voici », continue-t-il, en désignant un des assistants.

— « *C'est vous qui êtes le roi et pas un autre.* »

Jeanne n'avait jamais vu le roi, elle ne pouvait le connaître au sein de cette assemblée sans une inspiration céleste.

Le roi, ébranlé par son ton affirmatif, la fit interroger à Poitiers par des docteurs et des théologiens. Tous conclurent, d'après les réponses de Jeanne, qu'elle était sincère, de bonne foi, et que rien ne s'opposait à ce que Dieu confiât à une femme, l'exécution de desseins qui, d'ordinaire, demandent la valeur d'un homme.

Le parlement à qui le roi la renvoya fut un peu plus difficile, il osa lui demander un miracle : « *Envoyez-moi à Orléans* » répondit-elle, « *avec si peu d'hommes que vous voudrez et je vous montrerai des signes pour me croire, en faisant lever le siège.* »

D'autre part, de nobles dames et, parmi elles, la belle-mère du roi, renseignées par la science, donnaient de sa virginité un témoignage qui commandait le respect.

Voici enfin Jeanne investie de la confiance de son roi. C'est à Orléans que l'action va commencer. Elle prend le commandement de sa petite armée, forte de quatre mille hommes à peine ; mais elle place sa confiance en sa bannière qui porte, à côté de l'image du Sauveur, cette inscription : JHÉSUS-MARIA.

N'ignorant pas que ce sont les péchés des hommes qui font perdre les batailles, elle attire la bénédiction du Seigneur sur sa petite phalange en bannissant de son sein les désordres et les vices et en y introduisant la pratique des devoirs religieux.

Avec des soldats devenus chrétiens, elle ne craint point la puissance formidable des Anglais. Arrivée devant Orléans, elle y fait pénétrer, nonobstant les vents contraires, des navires chargés de vivres sans que les batteries dressées par l'ennemi pour interdire toute communication avec la ville, aient pu couler un navire ou verser une goutte de sang. Elle l'avait prédit.

Jeanne entre à la suite de son convoi, monte sur les tours de la cathédrale afin de se rendre compte des positions occupées par les ennemis. Ils sont partout avec leurs machines meurtrières. Elle demande ses armes, son cheval et se précipite à toute vitesse. La blessure d'un soldat français qui vient de s'offrir à sa vue lui fait répandre des larmes ; « *elle n'a jamais vu couler le sang français sans que ses cheveux se dressassent sur sa tête.* » Lorsque ses hommes reculent au milieu de la mêlée : « *En avant!* » s'écrie-t-elle, « *frappez hardiment, ils sont à nous.* »

Bientôt la glorieuse bannière flotte sur la bastille de Saint-Loup.

Devant celle des Augustins, les Français pris de panique vont prendre la fuite. Jeanne s'élance seule dans une barque, tirant son cheval à la nage. Les chevaliers la suivent et au moment où les cloches d'Orléans sonnent les vêpres, tout est emporté et la bannière de Jeanne se déploie au sommet des Augustins.

Elle dirige les efforts vers la bastille des Tourelles. Les Anglais y ont concentré l'élite de leur chevalerie. Après huit heures d'une lutte grandiose dont Jeanne est l'âme, la jeune héroïne, sans compter avec le péril, prend une échelle, l'applique contre la bastille et y plante son étendard. Soudain elle tombe blessée. Mais, arrachant la flèche qui sort d'une longueur de main, elle remonte à cheval, agite sa bannière, ramène à l'assaut ses gens qui, sur l'ordre de Dunois, opéraient déjà leur retraite : « *En avant ! mes enfants, tout est vôtre.* » Les Tourelles sont emportées, la ville est délivrée, Jeanne triomphante revient au milieu des acclamations. Le lendemain, 8 mai, les Anglais disparaissaient à l'horizon.

Jeanne n'a plus qu'à se montrer pour vaincre. A la fameuse « chasse de Patay » elle pousse les Anglais devant elle. Au sein de la victoire, on la voit remplie d'une attendrissante charité. Apercevant un Anglais prisonnier qu'un Français a blessé grièvement à la tête, elle saute à bas de son cheval, appuie sur sa poitrine la tête du blessé, le panse comme ferait une sœur de charité et l'exhorte à bien mourir. Pendant ce temps-là, le moribond balbutie ses aveux à un prêtre.

Troyes, Châlons se rendent ensuite sans coup férir.

Le 16 juillet, on est à Reims où s'accomplit, le lendemain, la cérémonie du sacre avec tout l'éclat du culte catholique. Jeanne, la véritable héroïne de la fête, y assiste, près de l'autel, son étendard à la main. Après le sacre, elle vient s'agenouiller devant Charles VII et lui dit : « *Gentil roi, est exécuté le plaisir de Dieu qui voulait que je levasse le siège d'Orléans et vinssiez à Reims recevoir votre digne sacre, montrant ainsi que vous êtes le roi et celui auquel le royaume de France doit appartenir.* »

A ces paroles, les acclamations éclatent, les yeux se remplissent de larmes.

La mission de Jeanne est finie, elle demande à retourner près de sa mère ; on s'oppose à sa retraite. Elle restera donc à l'armée mais on ne la reverra plus aussi confiante, aussi épanouie.

Elle quitte Reims et se dirige sur la capitale à travers des villes qui l'accueillent avec transport. Devant Paris, Jeanne combat avec la même intrépidité. Quoique blessée, elle garde sa bannière sous une grêle de traits. Elle veut prendre la ville ou mourir. Elle sait que la prise de Paris doit exciter l'explosion du sentiment national. Inutiles efforts ! on ordonne la retraite définitive, au grand désespoir de la Pucelle, dont les combinaisons stratégiques ont cessé de prévaloir.

Son dernier succès eut lieu à Lagny. C'est là qu'elle fit prisonnier Fouquet d'Arras.

Pressentant sa fin, elle disait souvent à son confesseur : « *Si je dois mourir bientôt, dites au roi, de ma part, qu'il lui plaise faire bâtir des chapelles où l'on prie pour le salut des âmes de ceux qui seront morts en défendant le royaume.* »

Ses voix l'éclairaient sur son avenir et lui disaient qu'avant la Saint-Jean, elle serait aux mains de ses ennemis. Elle attendit, patiente et résignée disant : « *Je mourrai où il plaira à Dieu. Plût à mon Créateur que je puisse maintenant partir et aller servir mon père et ma mère en gardant mes troupeaux avec ma sœur et mes frères qui auraient si grande joie de me revoir.*

On était au mois de mai 1430. Le sort de la France se jouait devant Compiègne. Notre héroïne s'élance contre les ennemis avec son impétueuse et surnaturelle audace. Les Anglais concentrent leurs efforts pour s'emparer de Jeanne à tout prix. Pendant que ses gens entrent dans la ville et que, protégeant leur retraite elle marche la dernière, un corps bourguignon cherche à couper le chemin à sa troupe. Ce mouvement jette l'effroi parmi les soldats français ; ils se précipitent en désordre vers la barrière du pont. Les Bourguignons font une charge terrible. Jeanne, environnée d'ennemis, continue à batailler. Les cloches de Compiègne sonnent l'alarme, mais personne ne vient pour la sauver. A la fin, entraînée par un flot de fuyards, elle s'élance vers le pont. Guillaume de Flavy venait de le lever et de fermer les portes. Était-ce par crainte du danger que pouvait courir la ville ? Était-ce par mauvais vouloir et trahison ? On n'ose se prononcer. Jeanne semble avoir eu un pressentiment de la trahison lorsque, Gérard d'Épinal lui demandant, après le sacre de Reims, si elle n'avait pas peur de se trouver mêlée aux batailles, elle lui répondait avec un douloureux sourire : « *Non, je n'ai peur que de la trahison.* »

Quoi qu'il en soit, contemplons une dernière fois son indomptable vaillance. Adossée au talus, elle combat toujours. Renversée de cheval, elle se relève pour lutter encore jusqu'à ce que, désarmée par la masse croissante de ses adversaires, elle presse son étendard contre son cœur, adore la volonté divine et rend son épée au lieutenant de Jean de Luxembourg, qui l'emmène prisonnière pour la vendre, quelques jours après, aux Anglais, oubliant toutes les lois de l'honneur qui protègent les prisonniers de guerre. Les Anglais la conduisent de donjon en donjon jusqu'à la sombre tour de Rouen, d'où elle ne sortira que pour aller au supplice.

III

La douce prisonnière est accablée de tourments. Rivée à une poutre, elle ne peut faire aucun mouvement. Tortures, moqueries ignobles, grossières insultes, brutalités des gardiens, attentats odieux qui couvriront d'un éternel opprobre ceux qui les osèrent, rien ne lui est épargné. Si, du moins, elle n'était point privée du saint sacrifice de la messe ! Ce martyre durera une année entière.

Les horreurs de sa captivité devaient être encore surpassées par les hontes de son procès. Ce fut, à la lettre, la haine qui la jugea. Pierre Cauchon, traître à sa patrie, siégeait comme président du Tribunal, composé de membres semblables à lui et vendus aux Anglais. Assurément cet évêque n'était pas l'Église, pas plus que Bazaine ne sera l'armée française. L'Église n'a pas trahi la cause de cette sainte enfant.

Les mois de janvier et de février furent consacrés à l'organisation du procès et à des recherches dans les diverses localités où Jeanne avait marqué son passage. On ne fit point figurer, parmi les pièces, l'enquête, trop favorable, faite à Domrémy et à Vaucouleurs.

Le 21 février, Jeanne sort de son cachot pour entendre la lecture de l'acte d'accusation. Les interrogatoires commenceront bientôt. Écoutons quelques réponses :

On demande à Jeanne pourquoi elle fut choisie plutôt qu'une autre : « *Il a plu à Dieu* » répond-elle « *d'en agir ainsi par une simple pucelle pour bouter dehors les ennemis du roi.* »

— Pourquoi êtes-vous partie sans l'autorisation de votre famille ? — « *Je n'ai pas cru pécher en le faisant. J'obéissais à l'ordre de Dieu.* »

On insiste beaucoup sur ce que disaient ses voix. Elle répond : « *Elles disaient : le roi sera rétabli en son royaume, le veuillent ou non ses ennemis. Je le sais comme je sais que vous êtes là devant moi. Je serais morte sans cette révélation qui me réconforte tous les jours.* »

Ainsi, la présence des Anglais dont elle est la prisonnière ne retient pas l'intrépide enfant de parler de ses patriotiques espérances.

— Pourquoi portiez-vous votre bannière près de celle de Charles VII, à Reims ? — « *Elle avait été à la peine, c'était bon qu'elle fût à l'honneur.* »

Les ennemis eux-mêmes admirent ces accents tombés des lèvres d'une jeune villageoise de dix-neuf ans.

« Quel dommage, disent-ils, qu'elle ne soit pas anglaise. »

Une autre fois on lui dit : « Jeanne, vos révélations, vos espérances sont chimères, superstitions, œuvres diaboliques ; rétractez-vous ou bien si vous êtes rebelle à l'Église, vous serez brûlée vive. » — *Je me damnerais,* » s'écrie-t-elle, « *si je disais que Dieu ne m'a pas envoyée, j'aime mieux mourir que de renier ma mission. Qu'on fasse examiner mes réponses, et s'il y a quelque chose contre la foi, je ne persisterai point à les soutenir, car je suis bonne chrétienne, je crois en l'Église, l'Église et Jésus-Christ c'est tout un.* »

Les juges sont embarrassés ; ils savent que l'Église admet la possibilité des révélations surnaturelles. Les docteurs réunis à Poitiers ont reconnu que les visions de Jeanne ont une origine céleste.

On revient à la charge le 2 mars. Si elle ne veut acquiescer, on menace son âme du feu éternel et son corps du feu temporel.

Jeanne répond : « *Si je voyais les bourrées flambloyer, si j'étais dans le feu, je ne dirais pas autre chose et je soutiendrais jusqu'à la mort que je suis l'envoyée de Dieu.* »

On la menace de la laisser mourir sans sacrements : « *Je requiers* » s'écrie-t-elle, « *qu'on me conduise devant notre Saint-Père le Pape qui est à Rome et au concile qui est réuni à Bâle, je répondrai devant eux tout ce que je devrai répondre et me soumettrai à eux. »*

L'évêque Cauchon refuse d'enregistrer cette déclaration de la Pucelle, ce qui lui attire cette protestation :

« Ah ! messire, vous écrivez bien ce qui est contre moi, mais vous ne voulez pas écrire ce qui est pour moi, j'en appelle à Dieu des grands torts qu'on me fait. »

Les juges sont vaincus. Qu'importe que Jeanne, fatiguée après de longs mois d'épreuves, épuisée de corps et d'esprit, ait faibli un instant devant la menace du feu préparé dans le cimetière de Saint-Ouen où avait lieu l'interrogatoire; qu'importe qu'elle ait tracé alors une croix comme signature au bas d'une formule de rétractation, elle s'y est déterminée inconsciemment, peut-être, cédant au désir de la foule qui, n'y comprenant rien, lui crie : « abjure et repens-toi. » Mais le lendemain, quand elle a repris possession d'elle-même, elle répare dignement par son courage un moment de faiblesse.

La loi ne permettait de brûler une sorcière qu'après une rechute dans ses coupables pratiques. Alors seulement elle était relapse. La haine avisa.

On avait fait un crime à Jeanne d'avoir porté des habits d'homme et elle avait promis de n'en plus porter. Pendant plusieurs jours, elle garda ses vêtements de femme. Mais les bourreaux, voyant qu'ils ne pouvaient lui faire violer ses engagements, lui enlevèrent son costume pendant qu'elle dormait et le remplacèrent par un pourpoint militaire. Malgré ces supplications, on lui refusa ses robes, de sorte qu'elle fut obligée de se couvrir du seul habit qu'on lui avait laissé. Dès lors Cauchon la déclara relapse. Comme il la gourmandait sans vouloir écrire les outrages dont elle se plaignait et qui l'avaient contrainte à reprendre l'habit d'homme, transportée d'indignation elle s'écrie : « *Oui j'ai repris l'habit d'homme ; étant avec des hommes, il m'est plus convenable d'avoir cet habit que vêtement de femme. Je l'ai repris parce qu'on n'a pas tenu ce qu'on m'avait promis. J'aime mieux mourir que d'être traitée aussi cruellement. Faut-il que mon corps net et pur qui ne fut jamais souillé d'aucune tache ni corruption soit aujourd'hui consumé et réduit en cendres ! Ah ! j'aimerais mieux être décapitée que d'être brûlée vive !* »

Cri d'angoisse, dernier tribut payé à la faiblesse de notre nature. La femme reparaissait sous l'héroïne. Elle pensait à la chaumière de Domrémy, aux êtres chéris qu'elle ne reverrait plus.

Mais la sérénité renaît sur son front quand on lui donne le saint viatique. Jeanne reçoit son Dieu avec une piété qui transporte d'admiration les assistants. On la conduit au Vieux-Marché où le bûcher a été préparé. Un poteau y est fixé portant cette inscription : « MENTERESSE, PERNICIEUSE, ABUSERESSE DU PEUPLE, DEVINERESSE, SUPERSTITIEUSE, BLASPHÉMERESSE ET PRÉSOMPTUEUSE, MALCRÉANT DE LA FOI DE J.-C., VANTERESSE, CRUELLE, DISSOLUE, APOSTATE, SCHISMATIQUE, HÉRÉTIQUE, EXCOMMUNIÉE. » O mensonge de l'iniquité !

Jeanne tombe à genoux et fait cette prière :

« *Sainte trinité, ayez pitié de moi car je crois en vous ! O Marie, priez pour moi ! saint Michel, saint Gabriel, sainte Catherine, sainte Marguerite, venez à mon aide ! Vous tous qui êtes ici pardonnez-moi comme je vous pardonne ! Vous, prêtres, dites chacun une messe pour le repos de mon âme. Est-ce ici que je dois mourir ? O Rouen seras-tu mon tombeau ?* »

Hélas ! elle ne mourra pas à Domrémy.

Le bourreau s'empare d'elle et la pousse vers le bûcher. Bientôt les fagots sont allumés; le feu pétille; Jeanne pousse un cri, mais ce n'est pas pour elle : « *Maître Martin* », dit-elle à son confesseur qui l'entretient de son prochain triomphe au ciel « *le feu! le feu! descendez!* » et on l'entend s'écrier une dernière fois au milieu des flammes : « *Non, non, mes voix ne m'ont pas trompée! ma mission était de Dieu!* »

Tout à coup, elle soupire : « *Jésus! Jésus! Jésus!* » et c'est à ce nom divin que son âme s'envole vers les cieux.

Son cœur est trouvé intact au milieu des cendres qui furent balayées à la Seine afin qu'il ne restât rien de Jeanne, pas même un tombeau, sur la terre de France.

IV

Tandis que les soldats anglais eux-mêmes, tout émus, éclatent en sanglots, les bourreaux se troublent et se sauvent en criant : « Nous sommes perdus, nous avons brûlé une sainte! »

Un Anglais déclara avoir vu une colombe s'élever du bûcher et monter dans les airs.

Le ciel devait venger l'héroïne martyre en frappant dès ici-bas ceux qui avaient coopéré au crime de sa mort.

Pierre Cauchon, excommunié plus tard par le pape, mourut d'une apoplexie foudroyante.

Jean d'Estivet, promoteur du procès, fut trouvé mort dans un égout.

Le duc de Bedfort, l'instigateur du procès, périt à la fleur de l'âge dans le château où Jeanne fut emprisonnée.

Le cardinal de Winchester, témoin timide du martyre de l'héroïne et membre du tribunal, rendit le dernier soupir dans un accès de folie.

Henri VI au nom de qui la condamnation fut prononcée, se vit renverser deux fois du trône, condamner à une dure captivité et massacrer dans la tour de Londres par son cousin.

Une chose presque aussi triste que l'acharnement des Anglais et l'iniquité des juges, c'est l'indifférence que montra Charles VII pour l'héroïque jeune fille qui avait tant contribué à affermir sa couronne, disons mieux à lui rendre son royaume,

Sous le poids d'ingratitude qui pesait sur sa conscience, il intervint quelques années après la mort de Jeanne et fit intervenir avec lui la famille de la victime, pour provoquer la révision du procès. Callixte III réhabilita sa mémoire et déclara Jeanne d'Arc martyre de sa religion, de sa patrie, de son roi.

La sentence de réhabilitation eut lieu en juillet 1456. Après ce jugement, on ordonna de faire une procession générale sur la place de Saint-Ouen, puis au Vieux-Marché où une croix fut élevée comme monument de réparation. On la remplaça bientôt par une statue de Jeanne posée sur un gracieux édifice. Enfin, on lui substitua, en 1756, le monument symbolique qui orne présentement la place de la Pucelle.

« Depuis cette époque, tous les hommes de foi et de goût ont appelé de leurs vœux l'érection d'un nouveau monument destiné à associer dans la personne de Jeanne d'Arc, les gloires de la religion et de la patrie (1). »

Ce monument est en voie d'exécution et bientôt l'image de Jeanne d'Arc, du haut de la colline de Bonsecours, sourira à la cité et au pontife fidèles au culte du souvenir.

« Mais nos cœurs ne seront satisfaits », s'écrie le saint archevêque, « que le jour où il nous sera permis de dire au pied des autels : *Sainte Jeanne, priez, priez pour nous* (2). »

(1) Mgr Thomas, archevêque de Rouen
(2) *Id.*

CANTATE POPULAIRE

A JEANNE D'ARC

Maestoso sans lenteur

Sa - lut à toi, fleur de no - tre Lor-

rai - ne, Gloire à ton nem fran - çaise au no - ble

cœur; Viens sur nos bords, vic - ti - me de la

hai-ne Viens mois-son - ner et l'a - mour et l'hon-

Fin.

nour. Tu vins au jour où la Fran - ce meur-

tri - e; a - go - ni - - sait sous un fer é - tran-

ger. Ce n'é - tait plus qu'un dé - bris de pa-

tri - e; Quel bras mor - tel pou-vait la pro - té -

ger? Un Dieu clé -- ment, par des voix an - gé -

li - ques te ré - vé - - la des des - seins con - so -

lants L'or - dre d'en haut, des ap-pels pro - phé -

rall...

ti - - ques sont le si - - gnal de tes no - bles é -

lans (1).

(1) Des réminiscences empruntés à Rossini, notamment à son HYMNE A PIE IX, ont fourni en partie la musique de cette Cantate.

Cantate populaire à Jeanne d'Arc.

Salut à toi, fleur de notre Lorraine !
Gloire à ton nom, Française au noble cœur !
Viens sur nos bords, victime de la haine,
Viens moissonner et l'amour et l'honneur.

Tu vins au jour où la France meurtrie
Agonisait sous un fer étranger ;
Ce n'était plus qu'un débris de patrie ;
Quel bras mortel pouvait la protéger ?
Un Dieu clément, par des voix angéliques,
Te révéla des desseins consolants ;
L'ordre d'en haut, des appels prophétiques
Sont le signal de tes nobles élans.

Pour ton pays tu fuiras ta chaumière ;
A Vaucouleurs viendra s'armer ton bras ;
Voici l'épée et la blanche bannière ;
Guerrier nouveau, rallume les combats.
Toujours première à l'assaut des murailles,
Tenant en main l'invincible étendard,
Va te montrer l'archange des batailles
Et batailler jusqu'au dernier rempart.

Sauve Orléans d'un imminent pillage ;
Marche vers Reims pour le sacre du Roi ;
A l'horizon se dissipe l'orage ;
Troye et Châlons ont cédé devant toi.
Puissent mes chants égaler ce spectacle !
« Le roi de Bourge » apparaît triomphant ;
Fut-il jamais plus insigne miracle !
Il est vainqueur par le bras d'une enfant.

D'un peuple entier recueille les hommages;
Reçois l'amour de tous les cœurs français;
Viennent les fers et viennent les outrages
Ils vont grandir l'éclat de tes bienfaits.
Dans tes beaux jours l'hosanna populaire
Te fit rêver au Jésus des rameaux;
Vois aujourd'hui se dresser ton calvaire
Affreux bûcher qui couronne tes maux.

Donne un penser à Domrémy qui t'aime,
A ton foyer, à tes bois, à tes champs,
Au temple cher, temple de ton baptême;
Ton cœur s'emplit de souvenirs touchants.
Jusques au sein d'une flamme inhumaine
Tu sais trouver des mots fiers ou pieux;
Mais le trépas vient de briser ta chaîne :
Prends ton essor, va triompher aux cieux.

La France encor t'apparaît désolée;
Un nouveau deuil, hélas! ride ses traits;
Tu la revois aujourd'hui mutilée,
Le cœur saignant d'une cruelle paix.
Les yeux fixés vers sa grande guerrière,
Dans ses malheurs, en ton zèle, elle a foi;
Ah! veuille encor lui rendre sa frontière
Et lui garder Jésus-Christ pour son roi.

———

Près des parvis de la divine reine,
Charme et soutien de nos pieux héros;
Sur ces coteaux, regardant notre Seine
Qui vit rouler ta cendre dans ses flots,
Dresse ton front, gracieuse héroïne,
A nos espoirs permets un libre cours;

Entends nos vœux ; que la sainte colline
Par Jeanne aussi, soit notre Bon Secours.

Un grand pontife à qui tu restes chère,
Pour le transmettre à la postérité,
Veut en ces lieux ton doux nom sur la pierre
Gravé des mains de la fidélité.
Beau monument de la reconnaissance,
Tu rediras aux siècles à venir
Qu'un jour, ici, vint l'âme de la France
Pour réparer et se ressouvenir.

L'abbé CORDIER.

Hugleville-en-Caux (Seine-Inférieure), mai 1892.

CEST LE FONDS QVI MANQVE LE MOINS

www.ingramcontent.com/pod-product-compliance
Lightning Source LLC
Chambersburg PA
CBHW060532200326
41520CB00017B/5208